Sportlehrer: „Wir machen heute Dehnübungen.“ Schüler: „Es heißt DIE Übungen!“

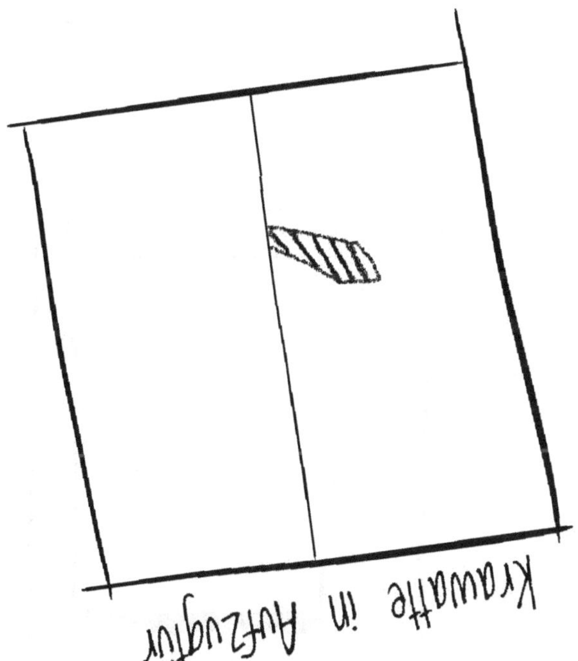

Habe meiner Pflanze angeboten, sie nur noch einmal pro Monat zu gießen. Sie ist darauf eingegangen.

237% aller Menschen übertreiben völlig!!!!!!!

Ein Römer geht in die Bar, streckt zwei Finger aus und sagt: „Fünf Bier bitte!“

Pessimist: „Schlimmer geht’s nicht!“ – Optimist: „Doch!“

Sagt die 0 zur 8: „Schicker Gürtel!“

Eigentlich wollte ich dir einen Zeitreisewitz erazählen. Aber den mochtest du nicht.

Geht ein Neutron in die Disco. Sagt der Türsteher: „Nur für geladene Gäste!"

Die typischen 4 Jahreszeiten in Deutschland: Schnee, Heuschnupfen, Hitze, Regen.

Was ist der Unterschied zwischen einer Raupe und meinen Kollegen? Aus der Raupe wird nochmal was.

Treffen sich zwei Magnete, sagt der eine: „Was soll ich heute bloß anziehen?“

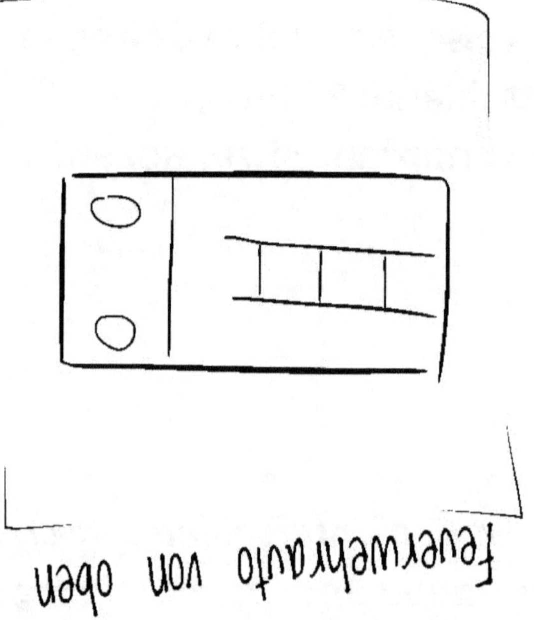

Meine Oma arbeitet für das FBI – wir nennen sie jetzt nur noch Top-Sigrid.

Unterhalten sich 2 Kerzen: „Ist Wasser gefährlich?“ – „Davon kannst du ausgehen!“

Ich kenne einen lustigen Bahnwitz – weiß aber nicht, ob der ankommt.

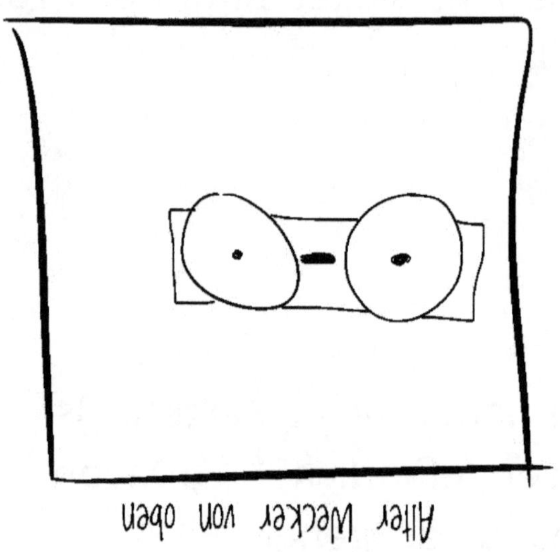

„Wie nennt man einen Ritter ohne Helm?“ – Willhelm

„Was hat jemand, der im Kreis läuft?“ – Kreislaufprobleme

Zwei Eskimos kommen nach Hause: „Wo ist eigentlich dein Iglu?“ – Darauf der andere: „Verdammt, ich hab wieder das Bügeleisen angelassen!“

„Was ist das Wichtigste bei einem Schweißausbruch?“
– Das W!

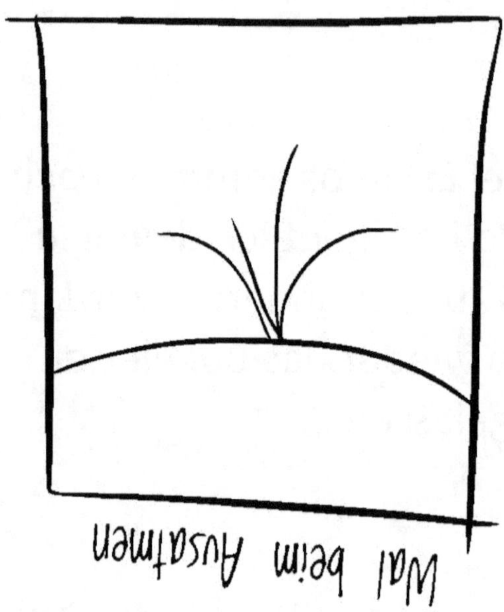

„Was liegt am Strand und spricht undeutlich?“
– Eine Nuschel

Wie nennt man eine mittelmäßige Sonnenbank?
– Solalarium.

Kundin im Laden: „Darf ich das Kleid im Schaufenster probieren?"
„Nein, bitte nur in der Umkleidekabine!"

Zwei Jäger sind im Wald unterwegs. Plötzlich bricht einer zusammen. Der andere wählt sofort den Notruf: „Ich glaube, mein Freund ist tot. Was soll ich tun?" Darauf der Notarzt: „Ganz ruhig! Stellen Sie zuerst sicher, dass er wirklich tot ist." Für einige Momente Stille. Dann ein lauter Schuss. Wieder der Jäger: „Ok, was jetzt?“

Egal, wie gut du schläfst: Albert schläft wie Einstein.

Egal, wie leer eine Flasche ist: Es gibt immer Flaschen, die sind Lehrer.

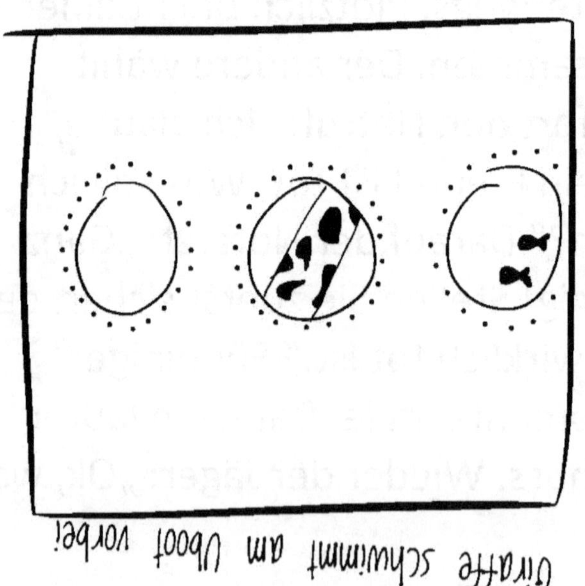

„Habe gerade beim Brötchen angerufen...
War belegt!“

„In welchem Urlaubsort wird am meisten geflucht?“
– Tourette de Mar.

„Was ist rot und schlecht für die Zähne?“
– Ein Ziegelstein

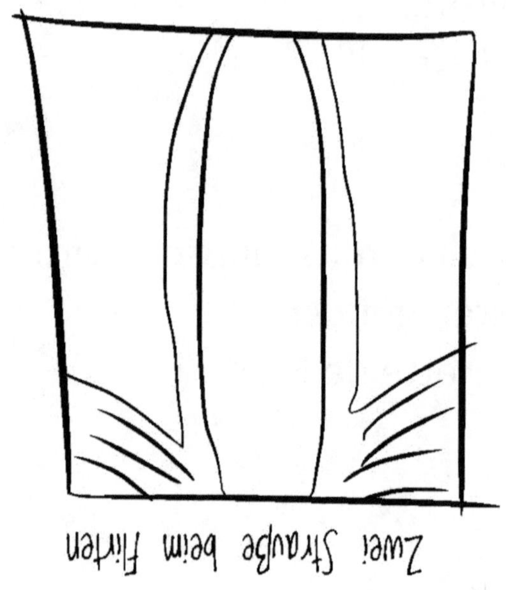

„Zu welchem Arzt geht Pinocchio?“
– Zum Holz-Nasen-Ohren-Arzt

„Was ist grün, hat gute Laune und hüpft umher?“
– Eine Freuschrecke

„Was trinken Führungskräfte?“ – Leitungswasser

„Was ist braun, klebt und läuft durch die Wüste?“
– Ein Karamel

„Welche Tiere können nichts hören?“
– Die Tauben

„Was macht ein Clown im Büro?“
– Faxen

„Wie nennt man einen Spanier ohne Auto?“
– Carlos

„Wie nennt man den Flur im Iglu?“
– Eisdiele

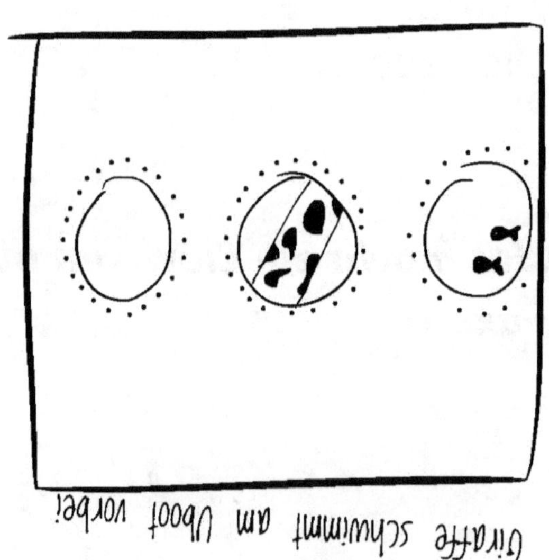

„Wie nennt man einen Cowboy ohne Pferd?“
– Sattelschlepper

„Warum summen Bienen?“
– Weil sie den Text nicht kennen

„Warum ist Zucker schlauer als Salz?“ – Weil er raffiniert ist

„Was sitzt auf einem Baum und schreit: Aha?“
– Ein Uhu mit Sprachfehler

Wie nennt man Delphine in Unterhose?
– Slipper.

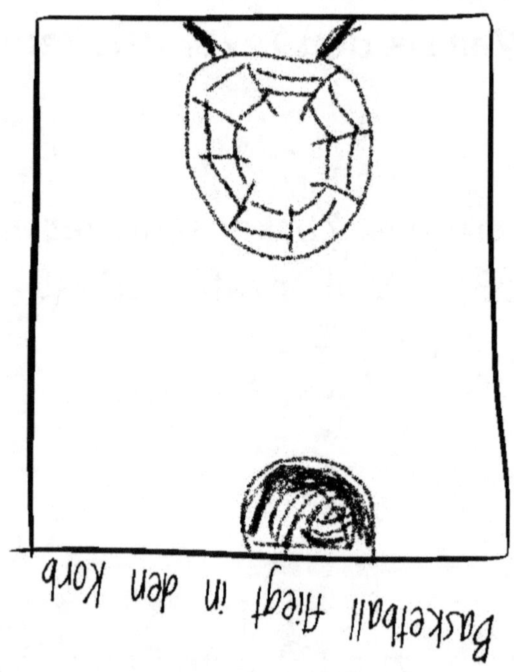

„Wo wohnen Katzen?“
– Im Miezhaus

Was machen Pilze auf einer Pizza?
– Sie funghieren als Belag.

Treffen sich zwei Jäger im Wald
– beide tot.

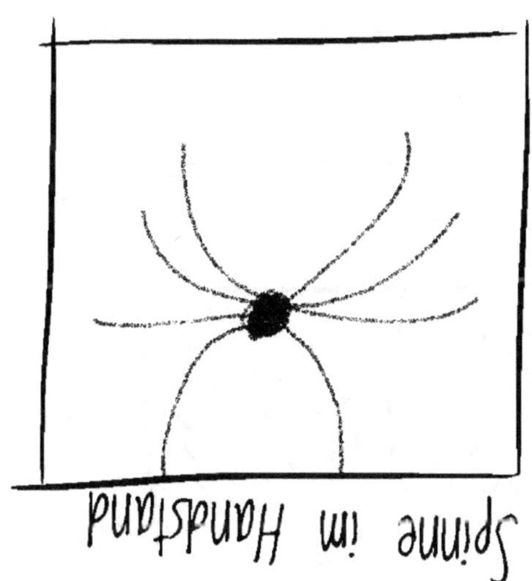

„Was lebt in der Steppe und achtet auf Sauberkeit?“
– Die Hygiäne

„Wie nennt man Kaninchen im Fitnessstudio?“
– Pumpernickel

„Wohin geht ein Reh mit Haarausfall?“
– In die Reh-Haar-Klinik

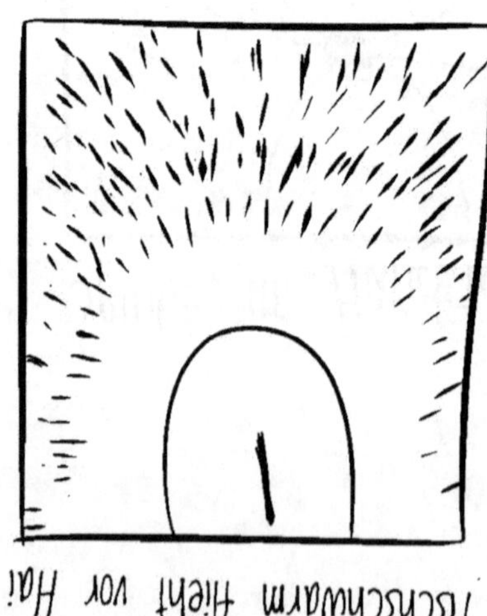

„Was schwimmt im Meer und kann addieren?“
– Ein Oktoplus

Was wünscht sich eine Katze auf Partnersuche?
– Einen Muskelkater

Welche Sprache wird in der Sauna gesprochen?
– Schwitzerdeutsch

„Was ist grün und steht vor der Tür?“
– Ein Klopfsalat

„Was kauft ein Frosch in der Molkerei?"
– Quark

„Was ist rot und steht am Kopierer?"
– Die Paprikantin

Welchen Preis bekommen die liebsten und ruhigsten Hunde?
– Den No-Bell-Preis

„Welche Schuhe tragen BILD-Redakteure?"
– Skandalen

Chuck Norris kennt die letzte Ziffer von Pi.

Nur Chuck Norris darf während der Fahrt mit dem Busfahrer sprechen.

Chuck Norris kann über seinen eigenen Schatten springen. In echt.

Chuck Norris isst sein Knoppers schon morgens um halb neun.

Wie viele Liegestütze schafft Chuck Norris? – Alle!

Chuck Norris hat bis Unendlich gezählt – schon zweimal.

Chuck Norris hat Rom an nur einem Tag erbaut.

Wenn Chuck Norris Zwiebeln schneidet, weinen die Zwiebeln.

Als Kind hat Chuck Norris Sandburgen gebaut, wir nennen sie heute Pyramiden.

Bevor Monster schlafen gehen, schauen sie, ob Chuck Norris unter dem Bett ist.

Peter Zwegat hat Schulden bei Chuck Norris.

Chuck Norris kann durch Null teilen.

Das Auto von Chuck Norris fährt nicht mit Benzin oder Strom – es fährt aus Respekt.

Wenn Chuck Norris aus dem Wasserhahn trinkt, trinkt er auf ex!

Wenn Chuck Norris Eiswürfel aneinander reibt, entsteht ein Lagerfeuer

„Was sucht ein Einarmiger in der Einkaufsstraße?“

Einen Secondhand-Shop.

Wie nennt man jemanden, der DIN A4 Blätter scannt?
– Skandinavier.

„Wo ist denn der nervige Nachbar?“ – „Ach, der ist im Garten.“ – „Wo denn? Ich sehe ihn gar nicht.“ – „Na, man muss schon ein bisschen graben.“

„Welche Autofahrer sind besonders nett?“ – Geisterfahrer, die sind total entgegenkommend.

Im Job zeigt sich immer wieder: Hirntod führt nicht sofort zum Ableben und bleibt oft über Jahre unbemerkt.

Ich habe endlich eine Dachbox für das Auto gekauft. Total praktisch, man hört die Kinder so gut wie gar nicht mehr.

„Seid ihr beiden Zwillinge?" – „Nein, wieso?" – „Weil eure Mama euch die gleichen Sachen zum Anziehen gegeben hat." – „Ok, sofort aussteigen: Führerschein und Fahrzeugpapiere!"

Wenn meine Frau singt, dann gehe ich immer vor die Tür und spreche mit den Nachbarn. So wissen alle, dass ich sie nicht schlage.

„Deine Zähne sind wie Gelsenkirchen und Duisburg!“ – „Häh?“ – „Noch Essen dazwischen.“

„Was macht ein Keks, der keine Lust mehr hat?“
– Er verkrümelt sich

„Der Mathelehrer springt aus dem Fenster und fliegt nach oben: Was ist passiert?“
– Vorzeichenfehler

„Geht ein Cowboy zum Friseur, kommt raus: Ist sein Pony weg!“

„Ich habe

meinen Freund einen Limonadenwitz erzählt – Fanta witzig.“

„Sag mal Postbote ohne O!“
– Briefträger!

„Du hast 5 Murmeln in der Hosentasche, 2 fallen raus – was ist in der Tasche?“
– Ein Loch

„Was sagt der große Stift zum kleinen Stift?“
– Wachs Mal Stift

Lehrer: „Ich bin entsetzt, mehr als 75 Prozent von euch haben eine 5 im Test.“ Darauf ein Schüler: „Kann gar nicht sein, so viele sind wir nicht.“

Gehen zwei Zahnstocher in den Wald und sehen einen Igel. Sagt der eine: „Ich wusste gar nicht, dass hier ein Bus fährt.“

Ein Elefant tritt auf eine Maus:“ Oh, entschuldige, das tut mir leid!“ Sagt die Maus: „Kein Problem, hätte mir auch passieren können.“

„Welche Handwerker essen am meisten?“ – Die Maurer, sie verputzen ganze Häuser.

Verkehrskontrolle. Der Polizist: „Haben Sie etwas getrunken?“ – Autofahrer: „Nein.“ – Polizist: „Sollten Sie aber! Mindestens 2 Liter am Tag.

Freitagabend. „Schatz, sollen wir uns ein schönes Wochenende machen?“ – „Klar!“ – „Klasse, dann bis Montag!“

Sagt der Arzt zum Kleinkünstler: „Sie haben noch 6 Monate zu leben.“ – Darauf der Kleinkünstler:

6 Monate? So lange kann ich mir nicht leisten!“

Optimist: „Das Glas ist halb voll.“ – Pessimist: „Das Glas ist halb leer.“ – Mama: „Wieso ist da kein Untersetzer?“ Immer.

Mein Freund hat mich kurzfristig zum Finale der Fußball Weltmeisterschaft eingeladen, er hat noch ein Ticket übrig. Leider heirate ich an diesem Tag. Wenn du jemanden kennst, der Interesse hat, sag bitte kurz Bescheid: Sie wartet vor der Gottlieb-Kirche, ist blond, 1,70 groß und heißt Stephanie.

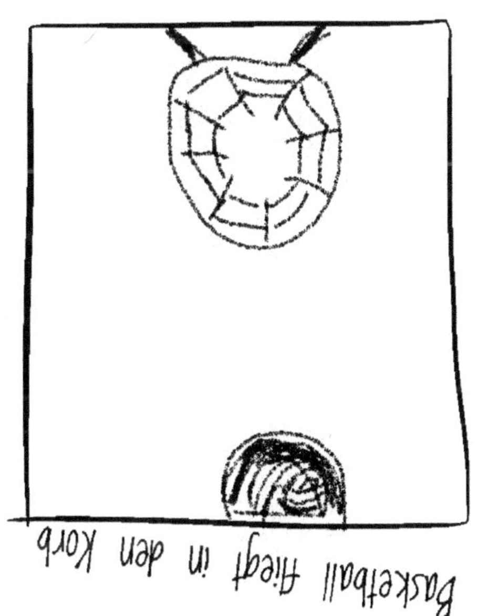

Was sind gemischte Gefühle? Wenn die Schwiegermutter rückwärts im neuen BWW auf eine Steilklippe zufährt.

Merke: Man sollte im Altenheim kein „Last Christmas" singen!

Ein Malerlehrling soll die Markierungen auf der Autobahn erneuern. Am ersten Tag schafft er mehr als zwei Kilometer, am zweiten Tag nur noch 500 Meter, am dritten sogar nur noch 200 Meter. Fragt der Chef: „Warum schaffst du nicht mehr so viel wie am Anfang?" Darauf der Lehrling:

„Naja, der Weg zum Farbeimer ist inzwischen echt weit…“

Veganer essen ja kein Huhn. – Weil da Ei drin ist.

Wissen Veganer eigentlich, dass sie in der Milchstraße leben?

„Auf einer Skala von 1 bis 10, wie sehr haben Sie in Ihrer Beziehung die Hosen an?“ – „Schatz? Darf ich bitte an einer Umfrage teilnehmen?“

„Ich würde ja gerne ein paar Kilos verlieren. Aber ich verliere nie. Ich bin ein Gewinner!"

Ein Beamter zum anderen: „Ich weiß nicht, was die Leute immer haben – wir tun doch nichts!"

„Dingdong. „Guten Tag, wir sammeln fürs Kinderheim. Haben Sie etwas abzugeben?" – „Kevin, Justin – kommt mal her!"

„Was machen Sie beruflich?“ – „Ich bin Zauberer.“ – „Und was für Tricks können Sie?“ – „Ich zersäge Menschen.“ – „Ach, haben Sie denn auch Geschwister?“ – „Ja, zwei Halbschwestern.“

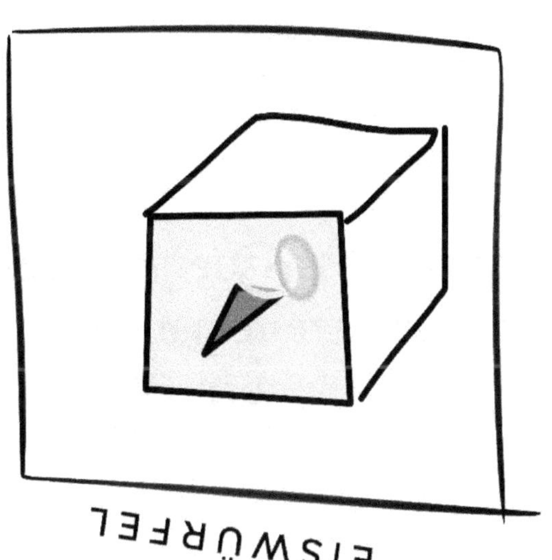

Kommt der Hase zum Schneemann: „Möhre her – oder ich föhn dich!“

Zwei Informatiker telefonieren: „Wie ist bei dir das Wetter?“ – „Capslock!“ – „Häh?“ – „Shift ohne Ende.“

Als ich hörte, dass Sauerstoff und Magnesium was miteinander haben, dachte ich nur: „OMg“.

Gast zum Kellner: „Zahlen, bitte!“ – Kellner: „15, 38, 96, 4“

Treffen sich 2 Eier: „Warum bist du so behaart?“ Darauf das andere: „Klappe! Ich bin eine Kiwi!“

„Was essen Autos am liebsten?“
– Parkplätzchen

Treffen sich zwei Beamte auf dem Flur.
Sagt der eine: „Na, kannst du auch nicht schlafen?“

www.ingramcontent.com/pod-product-compliance
Lightning Source LLC
LaVergne TN
LVHW020533160826
845677LV00015B/4029

* 9 7 9 8 3 6 9 6 6 7 7 9 8 *